Deutschland
und
seine Berufe

Deutschland
und
seine Berufe

Josef Schoske

Bibliografische Information der Deutschen Nationalbibliothek:
Die Deutsche Nationalbibliothek verzeichnet diese Publikation in der Deutschen
Nationalbibliografie;
detaillierte bibliografische Daten sind im Internet über
http://dnb.d-nb.de abrufbar.

© 2010 Josef Schoske
Satz, Umschlaggestaltung, Herstellung und Verlag:
Books on Demand GmbH, Norderstedt
ISBN: 978-3-8391-9487-4

Inhalt

Der Gärtner

Unverholen spricht die Blume zu des Gärtners Daumen
Kannst mich nie und nimmer je verhauen
Der Pflanzen Vielfalt in Millionenzahl
Kommt der Hausfrau schwer die Wahl
Nimm zwei von dieser Sorte
Find für dritte andre Worte
Der Samen fröhlich ins Beet gebracht
Sonne Wind und Mond darüber wacht
Bis Blüte dauerts seine Zeit
Die Zeit zum pflücken ist nicht weit
Zum Strauß gebunden eine wahre Pracht
Zum Verkauf gebracht bis abends acht
Der Preis dafür sei wohl in Ordnung
Schmücket Haus und Raum und Wohnung
Findet Gefallen an Gottes selig Gaben
Alle Jahre wieder welche haben!

Der Landwirt

Im Märzen seit sehr langer Zeit
Pflügen eggen säen sehr bereit
Zum düngen heut nicht das Wahre
Die Umwelt kommt nicht sehr zu Schade
Abfallstück auch am produzieren seine Luft
Schweine, Rinder, Kühe, Kälber großer Duft.
Dem Landwirt seine Ernte ganz genau
Gibt Bäckerhandwerk nicht auf lau
Auch Braukunst will von Ernte profitieren
Zum Spaß Geselligkeit motivieren
Futter als Wintervorrat eingelagert
Das Vieh nicht abgemagert
Auf des Kinderteller wohl serviert
Hausfrau kauft es ungeniert
Zu verpflegen vieler Mäuler
Benehm sich mancher wie ein Räuber
Auf Tradition der Landwirt stets bedacht
Tag für Tag Nacht für Nacht übers Vieh er wacht.

Der Koch

Essen fein wohl zubereitet
Programm nicht groß vereitelt
Der Meister schon als erster sagt
Die Mannschaft sich nun weiterplagt
Um zu bringen den Gästen feine Speis
Mal Kartoffeln, Nudeln sowie Reis
Die feine Karte von Menü
Macht vielen sehr viel Müh
Exquisites Mahl kost sehr viel Geld
so mancher Koch gilt da als Held
Zu ächten war der Klumpen Fleisch
Den kaum ein Mensch zu beißen weiß
Obst Gemüse und Salat
Auf ein Teller ist viel zu fad
Aus der Truhe kommt ein reichlich Angebot
Doch so mancher Küchenfreund hat damit seine Not
Die Gastronomie in aller Munde
Gibt der Gast sich selbst ne Runde!

Der Tischler

Holz ist sein bestes Arbeitsstück
Zu mittelalterszeiten manche Brüst
Doch heute kaum gefragt
Das Handwerk sehr geplagt
So mancher Schrank und auch Kommode
Heute nicht mehr sehr in Mode
Zum Aufbau Zeichnung will gut gelesen sein
Vom Handwerk alle Zeit kein Balken war gemeint
Der Baum zur Ware astrein steht
Und Herbstwind Laub verweht
Steht kahl im Winterfrost
Der nackte Baum und hofft
Zu überleben noch die nächsten Jahr
Doch Tischlers Hand war schneller dar
Um ihn zu modellieren
Vögel im Geäst keine mehr jubilieren
Der ganze Wald mit Baumbestand
Bleibt umhüllt im Jahreszeitgewand

Der Schüler

Zuerst war Katholiken Ergeiz hocherkoren
Zu lernen alle Möglichkeiten war zu loben.
Danach ging im siebzehnten Jahrhundert
auch das Landvolk ganz verwundert,
in den Schulbetrieb nur stundenweise
Adam Riese brachte wenig Weise.
Die danach durchs Lande zogen auf ihrer Reise
brachten Sie theoretisch Menschen auf ihre Weise
die Kunst des Denkens sinngemäß aneinander
Das der Süden genau das wusste wie der Norden voneinander.
Zu moderner Zeit in jahrelanger Lernmethodik
betrachten derer viele als die normale Logik.
Von Generation zu Generation weiter das Denken sich erweitert
Zu Wissen absolut alles; wäre Gott erheitert!

Der Kaufmann

In Regalen manch Ware zu bezahlen war
mancher Kunde mit Bezahlung machte sich schon rar
Doch neue Lieferung in Dutzend Stück
machte Personal nicht gleich verrückt.
In Recycling lag der Stand der Moderne
sahen's viele in weiter Feme.
Derer Supermärkte Namen wohl in vieler Munde
fuhren im Auto ihre weiten Runden.
Auch der Bänker als obiger hat so seine Sorgen
wird's Geld reichen für alle Morgen?
Zum bezahlen alle vom Personal berufen
Falsche Bürger kommen nicht nach oben auf den Stufen.
Auch im Baugewerbe, Stoff und Textil der Kaufmann stets gefasst
Konzernleitung über alle stets gut aufgepasst.
Konservenkonservierungsstoff ging unverhofft
nach Ablauf nicht mit Gott im Komplott!

Der Wirt

Das Bier in Fass geliefert von Brauerei
ging in Glas gezapft an keinem Gast vorbei
dazu Chips und Erdnüsse in kleinen Mengen
ließen beim Besoffenen den Kopf nicht hängen.
Die Kleiderordnung sei in Wirtschaft nicht gefragt
nur weiter mit den Bierchen angesagt.
Der Wirt beruhigend mit Diplomatie
braucht die Polizei dann nie.
Zum schlafen in der Öffnungszeit keiner je bereit
Girls die dann anwesend stets gefreit.
Der Unterschied in Gastronomie liegt in Vielfalt zugrunde
drum führet die Gläser zu Munde.
Die großen Feste auch in kleiner Runde
machten Spaß und keiner ging zugrunde.
Kost keinen der fremden Völker ihren Hals
Hopfen und Malz; Gott erhalts.

Der Schneider

Tuch in Vielerlei Form und Farben
Körper Seele sich dran laben
Mit Nadel Faden und auch Zwirn
Von Socke über Bein Brust bis Stirn
Unermüdlich fleißig sein Tagewerk gemacht
Zur Freude aller angebracht
Passform Sitz ist ohne Tadel
Jede Form passt selbst mit flinker Nadel
Über leicht bekleidet bis zum Winterfell
Ist Nacht oder scheint die Sonne hell
Für alle sorgt des Schneiders flinke Hand
Haben Max und Moritz schon erkannt
Dann sei noch gesagt; zu teuer war nicht gefragt
Ohn Geld sich mancher Mensch nur plagt
Edel muss ein Kleid nicht sein
Der Inhalt ist mehr sein als Schein!

Der Bäcker

Brötchen, Brot aus Korn und Schrot
Törtchen aus Sahne macht den Menschen froh.
Ganz früh morgens schon an die Arbeit
dafür nach Braten fassen schon Vormittag Feierabend.
Steht nach probieren nicht grad schlecht in der Stube
immer streben nach neuen Rezepten zur Probe
Damit jede Kundschaft kommt auf Ihre Kosten
Bleibt Geselle und Azubi meist als letzter auf dem Posten
Mehl in Kilotonnen gerechnet aufs ganze Jahr
Verarbeitung macht Muskeln wohl stark war!
Verkauf an Tresen gegen Bares
Kundschaft stets verlangt was edles.
Hopfen und Malz aus Korn erdacht
Hat Gottes Werk der Bäcker dann vollbracht.

Der Politiker

Demokratie und Grundgesetz nie erschüttert
hat er nie an Tor gerüttelt
Mancher schon in Überzahl ein Punkt errungen
Die Frau Justitia nach Luft gerungen.
Die Minister derer vieler Zahl
wird neues Amt wohl nicht zur Qual?
Von Gesundheit bis Verteidigung wird diskutiert
Wirtschaft und Soziales ungeniert
Bis zur Abstimmung war Punkt erreicht
Eine Stimme mehr und Gesetz ist bereit.
Die Medien der Öffentlichkeit verbunden
haben ebensolche nichts Neues erfunden.
Der Staat im Staate war nicht mehr mit anzusehen
mussten manche Diktatoren gehen.
Außen und auch Innen war es zweierlei Ding
Gab manchmal allerhöchst ein Wink.
Wie geschworen Gott zu Ehr
fiel Essen auswärts nicht sehr schwer!

Der Busfahrer

Mit LKW der Fahrer eines Busses nichts zu tun
auf dem letzten Platz der Gast ihn nicht zu sehn.
Die Spiegel sind sein größt Pläsier
mancher auch mal eingestiegen unrasiert.
Doch seine Order im Berufsnahverkehr
brachte seine Ausbildung ihm sehr.
Seine Lizenz brachte ihm Jahre auf Kraftpaket
In letzter Fahrt der Ausbilder ihn gepackt,
zu schnell oder falsch geblinkt
ruft der Kollege heut noch, nicht verpennt.
Diese Schüler und Berufsgenossen
zu unterschiedlichen Zeiten fahren unverdrossen.
Auch manch Girly mit Atmung leicht am wehn
wird er über diesen Dingen stehn.
Mancher auch bei Fahrten am beten oder fluchen
Nach Ausstieg mag jeder seine Freiheit suchen!

Der Arzt

Schon Hypokrates vor Jahrtausend
brachte manchen Studenten zum aufbrausen.
hilfreich nett und edel sei ein jeder Patient
ob er dem Arzt die Krankheit wirklich nicht benennt.
Pieksen zur Impfung in Po oder Muskel
ließen keinen Patienten je im dunkeln.
Für Papier die Fachkraft immer ihm zur Seite stand
spielten alle; viele Gesunde an die Wand.
Im großen Stil, die Center für Hunderte
war Fachpersonal das muntere.
Die Kostenspitzabrechnung jahrelang diskutiert
der Patient davon nicht auskuriert.
Der einzelne Fachbegriff für obige Person
nahm die Familie für ihren Sohn
Ausbildung sei noch gesagt
wissen hier nicht viele; haben nicht gefragt?
Pension für Arzt im hohen Alter angesagt
Vor Gottes heiligem Thron einmal angefragt!

Der Beamte

Zu Bismarckzeiten hoch gekürt
heute in Schlagzeilen schlecht inszeniert.
Sparten der Banken, Soldat und Polizei
waren stets dabei.
Zum Tun der Beamten war stets die Korrektheit
Bis zur Pension warens Jahre weit.
Die dann zu erlangen war höchstes Gut
verlassen hat nie einen der Mut.
Heut Beamte zu Angestellten abserviert
Der Politiker da ganz ungeniert
Schifffahrt, Lotsen Polizei
waren als Kapitän allezeit dabei.
In Pensionsanspruch noch genommen Pfarrerei
Gottes Segen allemal bereit!

Der Fleischer

Als erstes war der Ziegenbraten
den zu schlachten war zu raten
verwurstet wurde er bis heute kaum
Aus Leder wurd gemacht der Saum.
Moderner wurds zur Industrialisierung
Das Werkzeug unterlag der Modernisierung.
Millionen Kilo heute in der Moderne
hat der Kunde an der Ladentheke gerne.
Das Kuttern war des Meisters Recht
Zu lernen war des Lehrlings Pflicht.
Im ganzen zu sehen war die Leichtigkeit
brachte den Guten keine Schwierigkeit.
Zu rechnen war die Finanzierung schwer
Die Gewürze waren gefragt sehr.
Ob vegetarisch oder Schwein
der Braten blieb bis heute rein.
In Konserve auch so manches edle Stück
machten keinen Käufer je verrückt.
Mag Gott so manches Tier auch loben
Im Himmel werden sie nicht verschoben!

Der Biologe

Das erste Blatt entstand vor Millionen als Moos
was war in den Jahren mit der Erde los?
Jahrmillionen weiter Fisch, Meere, Wald und Tier entstand
Der erste Mensch frühzeitlich stand an der Wand.
Veredelt wurden Gräser ihre Sämereien zu Getreide
Erste Tiere traben auf der Weide.
Mit Columbus übern großen Teich
Wurden Gemüter in Europa butterweich.
Eroberten Kaffee, Kakao und Tabak die Märkte
Hass und Zwietracht Kriege nährten.
Zu erfinden galt es Krankheit mit Kräutern zu heilen
konnten Patienten in Klöstern nicht lange verweilen.
Nach Durst und Hunger im Kriegsgewirr
Gabs Rezepte die machten nicht wirr.
So kam der Mensch Ethomologisch zu neuer Pracht
Hat sich der Herrgott das so erdacht!

Der Therapeut

Schon Moses zu israeli Zeit einer war
Zuvor Ascculab den Ziegenbraten auch nicht gar
Doch heute zu moderner Zeit
Die beiden allzu weit
In Betrieben landauf landab
Werden Sie nicht knapp
Mit Wasser Seife und Rasur
Bleiben Sie in der Spur.
Einig Kleidung nie gesehen
Frühjahr Sommer vom Wind verwehen;
Durch Winterzeit die Grippe auskurieren
Brauchen Patienten nicht zu frieren.
Verpflegung im großen Saal jeder jeden neckt
Mit Peter Alexander das nicht jedem schmeckt
Tabletten Pillen Impfung zur Heilung injiziert
Heilung geht ganz unkompliziert.
Mit Vertrauen und Vernunft
Bleibs't Bier in der Zunft!

Der Schlosser

Eisenerz und Kohle sind unverhohlen
Zur Herstellung von Stahl und Brückenbohlen
Allein ein Schlosser schon seit Zeiten
Als Kocher von Stahl es zubereiten;
Das Alter spielt da wohl ne Rolle
Die Jugend kriegt sich auch nicht in die Wolle.
Schrauben, Muttern und auch Nägel
Weiß ein Schlosser richtig einzupegeln.
Selbst die Golden Gate Bridge
Machte die United State rich
Im letzten Jahrhundert in Paris der Eifelturm gebaut
Schlosser aller Welt noch heute sehr erbaut.
Auftrag, Zeichnung mit viel Fleiß erarbeitet
Herstellung und Arbeit zur Reparatur nie verleitet.
Millionen Apparate Schlosser Handwerk Patentrecht
Mancher schummelt da Erbarbeit zu unrecht.
Stahlkocher machen Arbeit aus einem Glockenguss
Sendet Herrgott Schlossern seinen Gruß!!

Der Pilot

Starfighter und Eurofighter im Geschwader
Bevölkerung mulmig sehr makaber.
Benzin im Tank zum guten Preise,
Bringen viele Urlauber auf große Reise.
Pilot in Ausbildung sehr viel Leistung
Alter zur Erfahrung gab er zur Weisung.
Wartung eines Flugzeugs viele Teile
dauert viele Stunden einfach seine Weile.
Landung derer manchmal unverhofft
die Beratung nicht drauf gehofft.
Wetter, Wind und manchmal Sturmgebraus,
fällt Flug in Voraussicht doch wohl aus.
Flugplatz stetig auf höchst Niveau
Bis Ausstieg der Gast sagt höflich adieu.
Mit Gottes Segen allzeit guten Flug
er betritt es niemals unbefugt!

Der Apotheker

Pharmazie in Milligramm Präsenz
zu überprüfen braucht er Speziallizenz.
Der Pillen, Tuben, Creme und auch Pflaster
werden keinem Kunden je zum Laster.
Papierkrieg über Rechnung für die Krankenkassen
werdens Banken kaum zum Zins erfassen.
Der Arzt sei kurz für Arbeit kurz erwähnt
Der Rentner da nur leise gähnt.
Freizeit Hobby er sofort zu heilen nicht vermag
Mitzumachen heilend Kunst ihm nie versagt.
Die großen Wege zu Erlangen Heilungskunst
Für Fahrer solcher Transporter große Kunst.
Die lange Zeit zum Helfen solcher Leute
möge Gott erfreuen mit großer Freude!

Der Astronaut

Schon Lebtag strebt der Mensch nach Welten all
Zu bekommen nicht jeder überall
Die ersten waren schon noch 2000 Jahre alt
den Mond zu besetzen war es bald
Der erste war da mit Schritt überall zu hören
Zum Ruhme er war nicht erkoren
Der Forschung zugrunde liegend dieser Schritt
brachte Menschheit nicht gesamt aus dem Tritt.
Rundfunk Technik war die Kapazität
kamen viele Menschen heut noch zu spät.
Von veredelter Pflanzenwelt war noch zu reden
damit viele Münder satt werden.
Waffengewalt im Weltraum nicht zu spüren
wird der Mensch friedlich nehmen diese Hürde.
Ob Gott gesehen; frag nicht einen der da oben war
er hat ihn gesehen, das ist wohl war.